जिगर मुरादाबादी

(मोहब्बतों का शायर)

वाणी प्रकाशन
नयी दिल्ली-110002

जिगर मुरादाबादी

मोहब्बतों का शायर

भूमिका एवं संपादन

निदा फ़ाज़ली

ISBN 81-7055-558-2

वाणी प्रकाशन
21-ए, दरियागंज, नयी दिल्ली-110002
द्वारा प्रकाशित

संस्करण : 1997

मूल्य : 195.00

कम्प्यूटेक सिस्टम, दिल्ली-110093
द्वारा लेज़र कंपोज

शुभम ऑफसेट, दिल्ली-110032
में मुद्रित

JIGAR MORADABADI
(Mohabbaton Ka Shayar)
Ed. by Nida Fazli

अनुक्रम

जिगर मुरादाबादी—मोहब्बतों का शायर

अली सिकंदर जिगर मुरादाबादी 1890 में मुरादाबाद के एक धार्मिक घराने में पैदा हुए और ज़िंदगी के कई उतार-चढ़ाव से गुज़र के 1960 में अपनी बेचैनियों को सुकून की नींद सुला गये।

दिल को सुकून रूह को आराम आ गया
मौत आ गयी कि यार का पैग़ाम आ गया।

वह उस तहज़ीब के वारिस थे, जिसमें अच्छाई-बुराई और नेकी-बदी की अलग-अलग पहचानें थीं। आदमी ज़मीन पर खुदा का प्रतिनिधि था, उसे खुदा ने स्वयं अपने नूर से गढ़ा था, यह वही बाइबिल और क़ुरआन के 'बाबा आदम' थे जिसके आगे खुदा ने तमाम आसमानी फ़रिश्तों को सजदा करने का हुक्म दिया था। सबने खुदा के हुक्म पर गर्दन झुका दी, लेकिन जिसने इस मिट्टी के पुतले के सामने सर झुकाने से इनकार किया उसे फ़रिश्ते से शैतान बनने की सज़ा मिली थी। यह संसार खुदा, शैतान और इनसान का त्रिकोण था। इसमें अभी अच्छाई में बुराई और बुराई में अच्छाई के शेड्स शामिल नहीं हुए थे। हाली के शेर में इसी बदलती हुई हवा की तरफ़ इशारा है :

हवा कुछ और ही आलम में चलती जाती है,
हुनर की ऐब की सूरत बदलती जाती है।

जिगर ने अपनी इस विरासत को बीसवीं सदी के वैज्ञानिक आविष्कारों और नये मनोवैज्ञानिक और ऐतिहासिक संदर्भों में न जाँचा, परखा, न उनके पास इसकी क्षमता थी। वह मकतब की प्रारंभिक शिक्षा से आगे ही नहीं बढ़े। वह किताबी तालीम को शायरी के लिए हानिकारक भी समझते थे।

वह मिज़ाज से आशिक़ और तबियत से हुस्नपरस्त थे। उनकी ज़िंदगी की तरह उनकी शायरी भी इन्हीं दो दायरों में सीमित है, उनकी आशिक़ाना ज़िंदगी की शुरुआत छह साल की उम्र से होती है।

एक दिन, जब वह घर में अकेले थे। एक कश्मीरी भिखारिन आवाज़ लगाती है। यह अपनी बचपन की आँखों से उसके सौंदर्य को देखकर ऐसे मुग्ध होते हैं कि घर में जितना पैसा और अनाज होता है, उसके हवाले कर देते हैं। जब वह आठ साल के हुए तो पड़ोस की एक शादी शुदा औरत के हुस्न पर ऐसे रीझे कि शाम-सवेरे जब देखो, उसके घर में लगे एक बेर के पेड़ के नीचे खड़े नज़र आते और यूँ ही घंटों दूर-दूर से उसे आँखों से निहारते रहते।

जब जवान हुए तो ताजमहल के शहर आगरा में वहीदन नामी एक तवायफ़ को दिल दे बैठे। मोहब्बत ने शिद्दत अख़्तियार की तो बिना सोचे-समझे उससे शादी कर बैठे। शादी के बाद मिज़ाजों का अंतर उभरा। और कुछ ही दिन बाद, आशिक़ो-माशूक़ के रिश्ते के बीच में ग़ज़ल का परंपरागत रक़ीब नज़र आने लगा, और वह हमेशा के लिए अपनी विवाहित प्रेमिका को रक़ीब के हवाले करके, आज़ाद हो गये। अपनी इस दुखभरी आज़ादी को शराब से बहलाने के दौरान ही उनकी मुलाक़ात मैनपुरी की एक गायिका शीराज़न से हो जाती है। यह मुलाक़ात हमेशा की तरह इश्क़ में तब्दील होती है और वह कई दिनों इसमें खोये रहते हैं। शीराज़न उनकी शायरी की क़द्रदान थी, लेकिन उसकी आनबान में जो बाज़ारी शान थी वह गृहस्थ जीवन की पाबंदियों से अनजान थी। यहाँ भी मोहब्बत की कहानी का अंत ट्रेजिक होता है।

इन मुसलसल नाकामियों के बावजूद न उनके दिल में इश्क़ की आग राख होती है न हुस्न के सम्मान में कमी आती है। हाँ शराब की मात्रा में ज़रूर ज़्यादती होती जाती है। उनके भटकाव का दायरा भी बढ़ता जाता है। अपनी नाकामियों का इंतक़ाम जिगर ने ख़ुद अपने आप से लिया, अंग्रेज़ी शायर मिल्टन की तरह पूरे स्त्रीवर्ग को अपमानित नहीं किया।

जिगर ने अपनी ज़िंदगी का एक बड़ा हिस्सा बोहेमियन अंदाज़ में जिया है। दिन-रात शराब में सुकून तलाश करने की नाकाम कोशिश की, जहाँ गये वहीं के हो लिए, पीते-पीते कहीं गिर गये··· मुशायरेवाले ढूँढ़ते हुए आये और उसी हालत में स्टेज पर ले गये ! लेकिन इस सबके होते हुए उनकी लोकप्रियता जंगल में आग की तरह फैलती रही, उनकी ग़ज़ल पाठकों और श्रोताओं के दिलों से खेलती रही। वह जिस मुशायरे में होते मुशायरे की शान होते, सुननेवाले दिलोजान से उन पर क़ुर्बान होते।

जिगर की पहली रूमानी नाकामी ने उन्हें मैख़ाने का रास्ता दिखाया था लेकिन आहिस्ता-आहिस्ता यह मैख़ाना उनके दिन-रात का साथी बन गया। इस क़िस्म की ज़िंदगी के हाथों उन्होंने अपने आपको जी-खोल कर तबाह किया। उनके कलाम का एक बड़ा हिस्सा भी इसी की वजह से ग़ारत हुआ। उनकी मुलाज़िमत भी इसी की भेंट चढ़ी। उनकी इस बदहाल ज़िंदगी में सुधार पैदा करने के लिए, उनके एक समकालीन शायर असग़र गोंडवी ने, जिनके सूफ़ियाना मरतबे का जिगर बहुत आदर करते थे, अपनी साली नसीम बेगम की शादी उनसे कर दी थी, लेकिन वह भी इसी शराबनोशी की नज़्र हो गयी, जिगर की शराब उन दिनों जिगर की कमज़ोरी थी।

सबको मारा जिगर के शेरों ने
और जिगर को शराब ने मारा।

शराब जिगर के ख़ून में शामिल हो गयी थी। इस शिकंजे ने उन्हें बुरी तरह से घेर लिया था। उनकी धार्मिकता उन्हें लानत-मलामत करती थी, वह शराब पी कर रोते थे और बुज़ुर्गों से इस लानत से छुटकारा पाने के लिए दुआओं का अनुरोध भी करते थे।

लेकिन छुटती नहीं है मुँह से ये काफ़िर लगी हुई, उन्होंने अपने ग़म को भुलाने के लिए जिस शराब को अपना सहारा बनाया था वह अब उनकी कमज़ोरी बन चुकी थी। जब असग़र गोंडवी ने उनकी शराबनोशी को घरेलू ज़िम्मेदारियों से पूरे तौर से ग़ाफ़िल होते देखा तो उन्होंने जिगर को शराब और नसीम–दोनों में से किसी एक के चुनाव पर मजबूर किया··· ! जिगर ने शराब का साथ दिया और नसीम को तलाक़ दे दी। असग़र और उनकी पत्नी (जो नसीम की बड़ी बहन थी) ने नसीम के जीवन की इस ट्रेजिडी को अपना अपराध समझा और इसकी सज़ा दोनों ने अपने आपको यूँ दी कि पत्नी ने असग़र से तलाक ले ली और असग़र को अपनी साली से निकाह करना पड़ा।

जिगर नसीम से क़ानूनी तौर पर अलग होकर भी अपने आपको उस अपराध बोध से आज़ाद नहीं कर सके जो उनके अंदर छुपी हुई इनसानियत की प्रतिक्रिया थी। यही अहसासे-जुर्म था जो वक़्त के साथ आहिस्ता-आहिस्ता उनकी दीवानावार मोहब्बत का रूप धार लेता है। वह इस आग को अपने अंदर छुपाये चुपचाप जलते रहे-सुलगते रहे।

यह इश्क़ नहीं आसां, इतना ही समझ लीजे,
इक आग का दरिया है और डूब के जाना है।

जिगर ने इस आग के दरिया में अपने वजूद को इस तरह जलाया कि वह अपने जीवन काल में ही इश्क़ की तहज़ीब का मिसाली प्रतीक बन गये। इस आग में वह जितना जले उतने ही उनकी ग़ज़ल के लफ़्ज़ रौशन हुए। असग़र और जिगर के तअल्लुकात में, उम्र भर जो आदरभाव और अक़ीदत की चमक-दमक क़ायम रही वह भी उनके अंदाज़े इश्क़ की शाइस्तगी का ऐतिहासिक कारनामा है। वह असग़र को अपना आध्यात्मिक गुरु मानते थे। इस हादसे के बाद उनकी श्रद्धा और तीव्र हो गयी। वह महीनों इधर-उधर भटकते, लेकिन उनके बेक़रार दिल को क़रार और बेसुकून आत्मा को सुकून असग़र के द्वार पर आकर ही मिलता था।

न ग़रज़ किसी से न वास्ता, मुझे काम अपने ही काम से,
तेरे ज़िक्र से तेरी फ़िक्र से तेरी याद से तेरे नाम से।

जिगर की यह मोहब्बत बहुत पेचीदा थी। इसका विस्तार शरीर से आत्मा तक था, जो उनके अस्तित्व में गहराई तक उतर गयी थी। इसी ने उनकी शायरी में फ़िक्रो ख़याल की वह पाकीज़गी उभार दी जो उर्दू ग़ज़ल में सिर्फ़ उन्हीं के नाम से पहचानी जाती है। इसमें शरीर कम शरीर का अध्यात्म अधिक था।

आये ज़ुबाँ पे राज़े मोहब्बत मुहाल है
तुमसे मुझे अज़ीज़ तुम्हारा ख़याल है।

वह थे न मुझसे दूर न मैं उनसे दूर था
आता न था नज़र तो नज़र का क़ुसूर था।

जिगर और नसीम की मोहब्बत की दास्तान में नया मोड़ उस वक़्त आता है जब असगर गोंडवी का देहांत होता है, असग़र ने मरते वक़्त नसीम को वसीयत की थी कि अगर जिगर शराब छोड़ दें तो उनसे शादी कर लेना, जिगर अब उम्र की उस मंज़िल में थे, जहाँ मोहब्बत ने शराब पर विजय हासिल कर ली थी। नसीम को दोबारा पाने के नशे ने उन्हें हमेशा शराब से दूर कर दिया।

जिगर मोहब्बत के नग़मानिगार और गायक थे। वह ज़िंदगी भर मोहब्बत को अक़ीदत बनाकर इसकी पूजा करते रहे। उन्हें क़ुदरत ने हस्सास दिल और तहज़ीबी मिज़ाज के साथ ख़ूबसूरत आवाज़ से भी नवाज़ा था जिसने उनकी ग़ज़लों को सुनने-पढ़नेवालों के दिलों की धड़कन बना दिया। वह मिलन के नहीं जुदाई के शायर हैं।

मेरा कमाले शेर बस इतना है ऐ जिगर
वह मुझपे छा गये मैं ज़माने पे छा गया।

जिगर अपने युग में सबसे ज़्यादा मशहूर और लोकप्रिय रहे हैं। वह जिस मुशायरे में शरीक होते, उनके सामने किसी और का चिराग़ नहीं जलता, वह भारत और पाकिस्तान दोनों जगह पूजे जाते थे। लेकिन इस शोहरत ने न उनके तौर तरीक़े बदले न उनके ख़ानदानी मूल्यों में कोई परिवर्तन किया। पाकिस्तान ने उन्हें दौलत की बड़ी-बड़ी लालचें देकर हिंदुस्तान छोड़ने को कहा, लेकिन उन्होंने शाह अब्दुलग़नी (जिनके वह मुरीद थे) और असग़र के मज़ारों के देश को त्यागने से इनकार कर दिया।

जिगर की शायरी की दुनिया, और इसके ज़मीन-आसमान उनके अपने थे। इसमें न ग़ालिब की दार्शनिक सूझबूझ है, न नज़ीर जैसा इन्सानी फैलाव है। इसमें फ़िराक़ गोरखपुरी जैसी आधुनिकता भी नहीं है, लेकिन इसके बावजूद वह ग़ज़ल की तारीख़ में अपने अंदाज़ेबयान की नग़मगी और हुस्नोइश्क़ के सांस्कृतिक रिश्ते की वजह से हमेशा याद किये जाते रहेंगे। वह दाग़ की तरह बाज़ारे हुस्न के सैलानी होते हुए भी, रिश्तों की बाज़ारियत से कोसों दूर है। उन्होंने अपनी विरासती तहज़ीब से ग़ज़ल के बाज़ारी किरदारों में सामाजिकता का जादू जगाया है। वस्लो-फ़िराक़ के परंपरागत बयानों

को अपने अनुभवों की रोशनी से सजाया है। उनके अनुभवों ने शब्दों को लयात्मक बनाया है।

वह अपने समकालीनों में जिनमें फ़िराक़, यगाना, फ़ानी और असग़र विशेष हैं, अगर अपनी शायरी के मिज़ाज के लिहाज़ से किसी के क़रीब महसूस होते हैं तो वह हसरतमोहानी हैं।

हसरत की ग़ज़ल में दाग़ और अमीर मीनाई की बाज़ारी महबूबा और इसका बाज़ारी आशिक़, बाज़ार से निकल के मध्यवर्गीय घर में तो आ जाते हैं, लेकिन उनकी चोंचाली और शोख़ियों में अल्हड़पन के तेवर ज़्यादा हैं। वे जवानी के इब्तिदाई दिनों की ताँक-झाँक और मिलने-बिछुड़ने के इकहरे दायरों से बहुत ज़्यादा आगे नहीं बढ़ते। लेकिन वह ऐसे ही जीते-जागते लम्हों के खूबसूरत चित्रकार हैं।

सामने सबके मुनासिब नहीं हम पर यह इताब
सर से ढल जाये न गुस्से में दुपट्टा देखो।

वाद-ए-वस्ल को हँस हँस के न टालो देखो
तुमने फिर आज निकाला वही झगड़ा देखो।

जिगर की ग़ज़ल के पात्र भी घरेलू फ़िज़ाओं से आरास्ता हैं, लेकिन हसरत के मुक़ाबिले में ये ज़्यादा गंभीर और संजीदा हैं। इनकी जज़्बाती दुनिया ज़्यादा गहरी और डाइमेंशनल है, जिगर की ग़ज़ल में हसरत की सी बेहिजाबी की जगह परदादारी हैं। उनकी ग़ज़ल आत्मा और शरीर के मिलाप की शराफ़त है। जिगर ने अपनी ग़ज़ल को उस आग से रौशन किया है, जिसे उन्होंने अपने आप में बरसों सुलगाया है। उनकी ग़ज़ल हसरत और फ़िराक़ से क़रीब होते हुए भी अपना ख़ास चेहरा रखती है। इसमें सोच और ज्ञान से अधिक जज़्बे और अहसास की तहें मिलती हैं। जिगर की ज़िंदगी और उनकी ग़ज़ल एक-दूसरे का आईना है। जिगर जैसे थे, जैसे जिये, वह जिस विरसे के वारिस थे, उसे वह पूरे तौर पर मुहब्बत की ख़ूबसूरत ज़ुबान में अपनी शायरी को सौंप गये… उनकी शायरी की भाषा अपने दूसरे समकालीनों की तरह आज़ादियों की क़ायल नहीं थी। उनके प्रतीक, बिंब इशारे और शिल्प वही हैं जो उर्दू की क्लासिकल परंपराओं की देन हैं। इनमें किसी क़िस्म के रद्दोबदल के बिना, वह निजी अनुभव और ज़ाती दर्द के माध्यम से इनमें जादू जगाते हैं। यही रंगे-सुख़न जिगर की पहचान है :

तेरी ख़ुशी से अगर ग़म में भी ख़ुशी न हुई
वह ज़िंदगी तो मोहब्बत की ज़िंदगी न हुई

इधर से भी है सिवा कुछ उधर की मजबूरी
कि हमने आह तो की उनसे आह भी न हुई।

आ कि तुझ बिन इस तरह ऐ दोस्त घबराता हूँ मैं
जैसे हर शै में किसी शै की कमी पाता हूँ मैं।

जिगर के तीन काव्य संकलन हैं, दाग़े जिगर, शोल-ए-तूर और आतिशे गुल। इनमें जो ग़ज़लें शामिल हैं वह जिगर की ज़िंदगी के विभिन्न दौर की नुमाइंदगी करती हैं। इनमें शराब की सरशारी भी है, मुशायरों की अदाकारी भी है और इन्हीं के साथ हुस्न का एहतराम और इश्क़ की खुद्दारी भी है।

अपनी उम्र के आख़िरी दौर में, उनके हुस्नो-इश्क़ का फ़लसफ़ा, जो पहले सिर्फ़ उनकी अपनी ज़िंदगी तक सीमित था, इर्दगिर्द के माहौल से जुड़ने लगा था। उनकी शख़्सियत में समाजी और सियासी धूपछाँव के सम्मिलन ने उनकी ग़ज़ल के दायरे को ज़्यादा बड़ा और गहरा बना दिया था। उनके ज़ाती ग़म में अब बंगाल का अकाल भी शरीक हो गया था। उसमें देश के विभाजन का दुख भी शामिल हो गया था, ग़रीबी और अमीरी का अंतर भी उन्हें सताने लगा था। इस फैलते हुए संसार को समेटने के लिए उन्हें ग़ज़ल विद्या का सीमित आकार भी छोटा महसूस होने लगता है, उन्होंने खुद लिखा है :

फ़िक्रे जमील ख़्वाबे परेशां हैं आजकल
शायर नहीं है वह जो ग़ज़ल ख़्वां है आजकल।

जिगर की ग़ज़ल आज के युग की तेज़रफ़्तारी का भले ही साथ न दे पाये, उनके इश्क़ का अंदाज़ आज की सोच से मुमकिन है दूर हो··· उनकी ग़ज़ल की ज़ुबान भले ही नये जहान को समेटने में नाकाम हो··· लेकिन इस हक़ीक़त से इनकार नहीं किया जा सकता कि उन्होंने शब्दों का अनादर नहीं किया, उन्होंने जो लिखा अपनी ज़िंदगी से क़रीब होकर लिखा—उनकी यही ईमानदारी उनकी ग़ज़ल की ज़िंदगी का सबूत है।

—निदा फ़ाज़ली

1

काम आख़िर जज़्ब-ए-बेइख़्तियार आ ही गया
दिल कुछ इस सूरत से तड़पा उनको प्यार आ ही गया

इस तरह ख़ुश हूँ किसी के वाद-ए-फ़र्दा[1] पे मैं
दर हक़ीक़त जैसे मुझ को ऐतबार आ ही गया

हाय काफ़िर दिल की ये काफ़िर जुनूँ अंगेज़िया[2]
तुम को प्यार आए न आए मुझ को प्यार आ ही गया

जान ही दे दी जिगर ने आज पाए-यार[3] पर
उम्र भर की बेक़रारी को क़रार[4] आ ही गया

1. आनेवाले कल का वादा
2. पागलपन
3. प्रेमिका के पाँव
4. शान्ति

2

हर हक़ीक़त को बअंदाज़े तमाशा[1] देखा
ख़ूब देखा तेरे जल्वों को मगर क्या देखा

हमने ऐसा न कोई देखने वाला देखा
जो ये कह दे कि तेरा हुस्ने सरापा[2] देखा

कोई शाइस्त-ओ-शायाने[3] ग़मे दिल न मिला
हमने जिस बज़्म[4] में देखा उसे तन्हा देखा

दिले-आगाह[5] में क्या कहिये जिगर क्या देखा
लहरें लेता हुआ इक क़तरे में दरिया देखा

1. तमाशे की तरह
2. सम्पूर्ण
3. योग्य
4. सभा
5. जाग्रत दिल

3

किस नज़र से आज वो देखा किया
दिल मेरा डूबा किया उछला किया

हुस्न से भी दिल को बेपर्वा किया
क्या किया ऐ इश्क़ तूने क्या किया

तूने सौ सौ रंग से पर्दा किया
देखने वाला तुझे देखा किया

उनके जाते ही ये हैरत छा गयी
जिस तरफ़ देखा किया देखा किया

मुझसे क़ाएम है जुनूँ[1] की अज़मतें
मैंने सहरा[2] को जिगर सहरा किया

1. उन्माद
2. जंगल

4

वस्ल से शाद किया, हिज्र से नाशाद किया
उसने जिस तरह से चाहा मुझे बर्बाद किया

सब्र दो दिन न हुवा रोए, बहुत याद किया
अब न कहना ये ज़बाँ से, तुझे आज़ाद किया

दिल का क्या हाल कहूँ जोशे जुनूँ के हाथों
इक घिरोंदा सा बनाया, कभी बर्बाद किया

बद दुआ थी कि दुआ कुछ नहीं खुलता लेकिन
चुपके चुपके लबेनाज़ुक से कुछ इर्शाद किया

मौत इक दामे-गिरफ़्तारिये-ताज़ा[1] है जिगर
ये न समझो कि ग़मे इश्क़ ने आज़ाद किया

1. नयी गिरफ़्तारी

5

नज़र मिला के मेरे पास आके लूट लिया
नज़र हटी थी कि फिर मुस्कुरा के लूट लिया

दिले-तबाह की रूदाद[1] और क्या कहिये
ख़ुद अपने शहर को फ़रमारवाँ[2] ने लूट लिया

उन्हीं के दिल से कोई उनकी अज़मतें[3] पूछे
वो एक दिल जिसे सब कुछ दिखा के लूट लिया

न अब ख़ुदी[4] का पता है न बेख़ुदी[5] का जिगर
हरेक लुत्फ़ को लुत्फ़े-ख़ुदा ने लूट लिया

1. कहानी
2. हाकिम
3. महानता
4. होश, 5. बेहोशी

6

जिस पे तेरी नज़र नहीं होती
उसकी जानिब[1] ख़ुदा नहीं होता

1. ओर

वो हमारे क़रीब होते हैं
जब हमारा पता नहीं होता

दिल को क्या क्या सुकून होता है
जब कोई आसरा नहीं होता

होके इक बार सामना उनसे
फिर कभी सामना नहीं होता

7

कभी शाख़ो-सब्ज़-ओ-बर्ग[1] पर, कभी शबनमो गुलोख़ार[2] पर
मैं चमन में चाहे जहाँ रहूँ मेरा हक़ है फ़स्लेबहार पर

मुझे दें न गैज़[3] में धमकियाँ, गिरें लाख बार ये बिजलियाँ
मेरी सलतनत यही आशियाँ, मेरी मिल्कियत[4] यही चार पर

जिन्हें कहिये इश्क़ की वुसअतें, जो हैं ख़ास हुस्न की अज़मतें
ये उसी के क़ल्ब[5] से पूछिये जिसे फ़ख़्र हो ग़मे यार पर

मेरी सम्त[6] से उसे ऐ सबा ये पयामे आख़िरे ग़म सुना
अभी देखना हो तो देख जा कि ख़िज़ाँ है अपनी बहार पर

मैं रहीने-दर्द[7] सही जिगर मुझे और चाहिए क्या जिगर
ग़मे-यार है मेरा शेफ़्ता[8], मैं फ़रेफ़्ता[9] ग़मे यार पर

1. डाल, हरियाल, पात, 2. फूल काँटे,
3. क्रोध
4. पूँजी
5. दिल
6. ओर,
7. पीड़ाग्रस्त,
8. दीवाना
9. आशिक़

8

गरचे एहले शराब हैं हम लोग
ये न समझो ख़राब हैं हम लोग

नाज़ करती है ख़ाना-वीरानी[1]
ऐसे ख़ाना-ख़राब[2] हैं हम लोग

हम पे नाज़िल[3] हुआ सहीफ़-ए-इश्क़[4]
साहिबाने किताब[5] हैं हम लोग

जब मिली आँख होश खो बैठे
कितने हाज़िर जवाब हैं हम लोग

हम से पूछो जिगर की सरमस्ती
महरमे-आंजनाब[6] हैं हम लोग

1. घर की वीरानी
2. घर बर्बाद करनेवाले
3. ऊपर से उतरना, 4. प्रेमग्रन्थ
5. धार्मिक ग्रंथों को माननेवाले
6. जानकार

9

हुस्ने माना[1] की क़सम जल्व-ए-सूरत की क़सम
तू ही फ़िर्दोस[2] है, फ़िर्दोसे मुहब्बत की क़सम

1. सुन्दर चरित्र
2. स्वर्ग

मुझ से छुपना तुझे ज़ेबा[3] नहीं ऐ पैकरे-हुस्न[4]
मैं मुहब्बत ही मुहब्बत हूँ मुहब्बत की क़सम

3. उचित, 4. हुस्न की मूरत

अब तुझे मेरी मुहब्बत का यकीं हो कि न हो
मैं न खाऊँगा तेरे दर्दे-मुहब्बत की क़सम

अब तुझे देख के मरना भी गवारा है मुझे··· !
ग़मे इशरत[5] की क़सम, अश्के मसर्रत[6] की क़सम

5. खुशी का गम, 6. खुशी के आँसू

ख़लवते-ख़ास[7] को इक दिन तो बना दे जलवत[8]
तुझको अपने जिगरे शोख़ तबीअत की क़सम

7. एकान्त, 8. महफ़िल

10

उससे भी शोख़तर हैं उस शोख़ की अदाएँ
कर जाएँ काम अपना लेकिन नज़र न आएँ

जैसा वो चाहते हैं जो कुछ वो चाहते हैं
आई हैं मेरे दिल से लब तक वही दुआएँ

इक जामे-आख़िरी[1] तो पीना है और साक़ी
अब दस्ते शौक़[2] काँपे या पाँव लड़खड़ाएँ

1. अंतिम-प्याला
2. प्रेम के हाथ

उस हुस्ने बर्क़वश[3] के दिल सोख़्ता[4] वही हैं
शोलों से भी जो खेलें दामन को भी बचाएँ

3. बिजली जैसी, 4. जला हुआ दिल

अशआर बन के निकलें जो सीन-ए-जिगर से
सब हुस्ने यार की थीं बेसाख़्ता अदाएँ

11

न बेहोशियाँ हैं न हुशियारियाँ हैं
ख़ुदी[1] का ही एहसास ख़ुद्दारियाँ हैं

मुहब्बत असर करती है चुपके चुपके
मुहब्बत की ख़ामोश चिंगारियाँ हैं

बुझे जा रहे हैं सभी दीद-ओ-दिल[2]
तेरी आमद आमद[3] की तय्यारियाँ हैं

क़दम डगमगाए, नज़र बहकी बहकी
जवानी का आलम है सरशारियाँ है

1. आत्मबोध
2. आँख और दिल
3. आगमन

12

छाये जाते हैं दर्दे दिल बन कर
इस पे ताकीदे ज़ब्ते-हाल भी है

हुस्न के हर जमाल[1] में पिन्हाँ
मेरी रानाइये-ख़याल[2] भी है

दिल को बर्बाद करके बैठा हूँ
कुछ ख़ुशी भी है कुछ मलाल भी है।

लाख रुसवा[3] सही जिगर लेकिन
ख़ुशनज़र भी है ख़ुश ख़याल भी है।

1. अलक
2. ख़यालों का सौन्दर्य
3. बदनाम

13

रिन्द[1] जो मुझको समझते हैं उन्हें होश नहीं
मयकदा-साज़[2] हूँ मैं मयकदा बरदोश[3] नहीं

पाँव उठ सकते नहीं मंज़िले-जानाँ[4] के ख़िलाफ़
और अगर होश की पूछो तो मुझे होश नहीं

मिट चुके ज़ेह्न से सब यादे गुज़िश्ता[5] के नक़ूश[6]
फिर भी इक चीज़ है ऐसी जो फ़रामोश[7] नहीं

कभी उन मद भरी आँखों से पिया था इक जाम
आज तक होश, नहीं होश नहीं, होश नहीं

महवे-तस्बीह[8] तो सब हैं मगर इदराक[9] कहाँ
ज़िन्दगी खुद ही इबादत[10] है मगर होश नहीं

मिल के इक बार गया है कोई जिस दिन से 'जिगर'
मुझको यह वह्म है जैसे मेरा आग़ोश[11] नहीं

1. शराबी
2. मदिरालय निर्माण करनेवाला 3. मस्त शराबी
4. प्रेमिका की ओर
5. बीती हुई 6. चिन्ह्
7. भूलना
8. माला में लीन
9. अक़्ल 10. पूजा
11. शरीर

14

वो हक़ीक़त कि जो महदूद[1] हक़ीक़त में नहीं
दिल की वुसअत[2] में है कौनैन[3] की वुसअत में नहीं

वो जो इक एहदे-मुहब्बत[4] है मिटाना उसका
मेरी ताक़त में नहीं आप की क़ुदरत में नहीं

यूँ भी तकमीले-गमे-इश्क़[5] हुवा करती है
उसकी क़िस्मत में हूँ मैं, जो मेरी क़िस्मत में नहीं

जल्वा फिर जल्वा है नज़्ज़ारा है फिर नज़्ज़ारा
हैरत[6] आईने में है आईना हैरत में नहीं

1. सीमित
2. विस्तार 3. लोक परलोक
4. प्रेम-वचन
5. प्रेम-पीड़ा की पूर्णता
6. आश्चर्य

15

मिलती है उम्रे-अबद[1] इश्क़ के मयख़ाने में
ऐ अजल[2] तू भी समा जा मेरे पयमाने में

आज साक़ी ने ये क्या हाल बना रक्खा है
कभी मैख़ाने से बाहर कभी मैख़ाने में

आप देखें तो सही रबतेमुहब्बत[3] क्या है ?
अपना अफ़साना मिला कर मेरे अफ़साने में

सब कुछ अल्लाह ने देरक्खा है मयख़ाने में
ख़ुल्द शीशे में है, फ़िर्दोस[4] है पयमाने में

1. अमरता
2. मौत
3. प्रेम का रिश्ता
4. स्वर्ग

16

आ कि तुझ बिन इस तरह ऐ दोस्त घबराता हूँ मैं
जैसे हर शै[1] में किसी शै की कमी पाता हूँ मैं

हाय रे मजबूरियाँ तर्के-मुहब्बत[2] के लिये... !
मुझको समझाते हैं वो, और उनको समझाता हूँ मैं

मेरी हिम्मत देखना, मेरी तबीअत देखना
जो सुलझ जाती है गुत्थी फिर से उलझाता हूँ मैं

वाह रे शौक़े-शहादत[3], कूए-क़ातिल[4] की तरफ़
गुनगुनाता, रक़्स[5] करता, झूमता जाता हूँ मैं

एक दिल है और तूफ़ाने-हवादिस[6] ऐ जिगर
एक शीश है कि हर पत्थर से टकराता हूँ मैं

1. वस्तु
2. प्रेम त्याग
3. शहीद होने का शौक़
4. क़ातिल की गली
5. नृत्य,
6. दुर्घटनाओं का तूफ़ान

17

न ग़रज़ किसी से न वास्ता, मुझे काम अपने ही काम से
तेरे ज़िक्र से, तेरे फिक्र से, तेरे याद से, तेरे नाम से

ये किताबे-दिल की हैं आयतें, मैं बताऊँ क्या, जो है निस्बतें[1]
मेरे सज्दा-हाए-दवाम[2] को तेरे नक़्श हाए ख़िराम[3] से

1. सम्बन्ध
2. सदा की पूजा, 3. क़दमों के निशान,

जो उठा है दर्द उठा करे, कोई ख़ाक उससे गिला करे
जिसे ज़िद हो हुस्न के ज़िक्र से जिसे चिढ़ हो इश्क़ के नाम से

वहीं चश्मे-हूर[4] फड़क गयी, अभी पी न थी कि बहक गयी
कभी यकबयक जो छलक गई किसी रिन्दे मस्त के जाम से

4. अप्सरा की आँख

तू हज़ार उज़्र[5] करे मगर, हमें रश्क और ही है जिगर
तेरे इज़्तराबे-निगाह[6] से तेरे एहतियाते कलाम[7] से

5. इन्कार
6. निगाह की बेचैनी
7. ख़ामोशी

18

सुनता हूँ कि हर हाल में वो दिल के क़रीं[1] है
जिस हाल में हूँ अब मुझे अफ़्सोस नहीं है

1. निकट

जिस रंग में देखो उसे वो पर्दा-नशीं है
और उसपे ये पर्दा है कि पर्दा ही नहीं है

नज़दीक हो या दूर जहाँ तुम हो वहीं है
आशिक़ वही आशिक़ है जो मजबूर नहीं है

मुझसे कोई पूछे तेरे मिलने की अदाएँ
दुनिया तो ये कहती है कि मुमकिन ही नहीं है

किस किस से तेरे इश्क़ में दामन को छुड़ाऊँ
कौनैन[2] है और एक मेरी जाने-हज़ीं[3] है

2. संसार, 3. परेशान जान

19

तेरी ख़ुशी में अगर ग़म में भी ख़ुशी न हुई
वो ज़िन्दगी तो मुहब्बत की ज़िन्दगी न हुई

कोई बढ़े न बढ़े हम तो जान देते हैं
फिर ऐसी चश्मे-तवज्जोह[1] हुई हुई न हुई

सबा[2] ये उनसे हमारा पयाम कह देना
गये हो जब से यहाँ सुब्हो-शाम ही न हुई

इधर से भी है सिवा[3] कुछ उधर की मजबूरी
कि हम ने आह तो की उनसे आह भी न हुई

ख़याले-यार, सलामत तुझे ख़ुदा रक्खे... !
तेरे बग़ैर कभी घर में रौशनी न हुई।

1. प्रेम दृष्टि
2. मन्द समीर
3. अधिक

20

ज़ख़्म वो दिल पे लगा है कि दिखाए न बने
और चाहें कि छुपा लें तो छुपाए न बने

हाय बेचारगिये-इश्क़[1] कि उस महफ़िल में
सर झुकाए न बने आँख उठाए न बने

1. इश्क़ की विवशता

ये समझ लो कि ग़मे इश्क़ की तकमील[2] हुई
होश में आके भी जब होश में आए न बने

2. पूर्णता

किस क़दर हुस्न भी मजबूरे-कशाकश[3] है कि आह
मुँह छुपाए न बने सामने आए न बने

3. उलझा हुआ

हाय वो आलमे-पुरशौक़ कि जिस वक़्त जिगर
उसकी तस्वीर भी सीने से लगाए न बने

21

आये ज़बाँ पे राज़े-मुहब्बत मुहाल[1] है
तुम से मुझे अज़ीज़ तुम्हारा ख़याल है

1. मुश्किल

दिल था तेरे ख़याल से पहले चमन चमन
अब भी रविश रविश[2] है मगर पाए माल[3] है

2. फूलों के बीच के रास्ते, 3. उजड़े हुए

कमबख़्त इस जुनूने-मुहब्बत[4] को क्या करूँ
मेरा ख़याल है न तुम्हारा ख़याल है

4. प्रेमोन्माद

आँखें तो खोल, सर तो उठा देख तो ज़रा
कब से जिगर वो चाँद सा चेहरा निढाल है

22

कुछ इस अदा से आज वो पहलू नशीं[1] रहे
जब तक हमारे पास रहे हम नहीं रहे

या रब किसी के राज़े मुहब्बत की ख़ैर हो
दस्ते जुनूँ[2] रहे न रहे आस्तीं रहे

मुझको नहीं क़ुबूल दो आलम की वुअसतें[3]
क़िस्मत में कूए-यार[4] की दो गज़ ज़मीं रहे

जा और कोई ज़ब्त की दुनिया तलाश कर
ऐ इश्क़ हम तो अब तेरे क़ाबिल नहीं रहे

अल्लाह रे चश्मे-नाज़ की मोजिज़[5] बयानियाँ
हर इक को है गुमां कि मुख़तिब[6] हमीं रहे

1. क़रीब
2. उन्माद
3. विस्तार
4. दोस्त की गली
5. चमत्कारिक,
6. सम्बोधित

23

इक लफ़्ज़े-मुहब्बत का अदना[1] ये फ़साना है
सिमटे तो दिले आशिक़, फैले तो ज़माना है

क्या हुस्न ने समझा है क्या इश्क़ ने जाना है
हम ख़ाक-नशीनों[2] की ठोकर में ज़माना है

या वो थे ख़फ़ा हम से या हम हैं ख़फ़ा उनसे
कल उनका ज़माना था आज अपना ज़माना है

ये इश्क़ नहीं आसाँ इतना ही समझ लीजे
इक आग का दरिया है और डूब के जाना है

आँसू तो बहुत से हैं, आँखों में जिगर लेकिन
बिन्ध जाये जो मोती है, रह जाये सो दाना है।

1. छोटा
2. ज़मीन पर बैठनेवालों

24

दिल भला या बुरा है क्या कहिये
आपका नक़्शे-पा[1] है क्या कहिये — 1. पद चिह्न

बन्दगी जिस की है फ़क़त रोना
वो हमारा ख़ुदा है क्या कहिये

इन्तहा के हैं इश्क़ में सदमे
और अभी इब्तिदा[2] है क्या कहिये — 2. प्रारम्भ

अभी पाबन्द है अभी आज़ाद
इश्क़ का दिल भी क्या है क्या कहिये

इश्क़ तो इश्क़ हुस्न से बेज़ार[3] — 3. नाराज़
दिल को क्या हो गया है क्या कहिये

आज हाले-दिले-तबाह जिगर
हमने क्योंकर सुना है क्या कहिये

25

जब से तू मेहरबान है प्यारे
और दिल बदगुमान[1] है प्यारे

तू जहाँ नाज़ से क़दम रख दे
वो ज़मीं आसमान है प्यारे

उसकी बातों में तू न आ जाना
इश्क़ जादू-बयान है प्यारे

इन दिनों दिल के रंग ढंग न पूछ
कुछ अजब आन बान है प्यारे

सच बता इसमें कोई बात भी है
या युँ ही मेहरबान है प्यारे

तेरा दीवान-ए-ग़रीब जिगर
फ़ख़्रे-हिन्दोस्तान[2] है प्यारे

1. नाराज़

2. भारत का गौरव

26

शोरिशे कायनात[1] ने मारा
मौत बन कर हयात ने मारा

सितमे यार की दुहाई है
निगह-ए-इल्तिफ़ात[2] ने मारा

मैं था राज़े-हयात और मुझे
मेरे राज़े-हयात ने मारा

मौत क्या एक लफ्ज़े बेमानी[3]
जिस को मारा हयात ने मारा

जो पड़ी दिल पे सह गये लेकिन
एक नाजुक सी बात ने मारा

शिकवा-ए-मौत[4] क्या करें ऐ जिगर
आरज़ू-ए-हयात[5] ने मारा

1. संसार के हंगामे
2. प्रेम, दृष्टि
3. अर्थहीन शब्द
4. मौत की शिकायत
5. जीवन-इच्छा

27

इश्क़ की दास्तान है प्यारे
अपनी अपनी ज़बान है प्यारे

इश्क़ की एक एक नादानी
इल्मो-हिकमत[1] की जान है प्यारे

रख क़दम फूँक फूँक कर नादाँ
ज़र्रे ज़र्रे में जान है प्यारे

इसको क्या कीजिए जो लब[2] न खुलें
यूँ तो मुँह में ज़बान है प्यारे

हाँ तेरे एहद[3] में जिगर के सिवा
हर कोई शादमान[4] है प्यारे

1. ज्ञान-दर्शन
2. अधर
3. युग
4. ख़ुश

28

दिल गया रौनक़े हयात[1] गयी
ग़म गया सारी कायनात[2] गयी

दिल धड़कते ही फिर गयी वो नज़र
लब[3] तक आयी न थी कि बात गयी

दिन का क्या ज़िक्र तीरा-बख़्तों[4] में
एक रात आयी, एक रात गयी

हाँ मज़े लूट ले जवानी के
फिर न आयेगी जो ये रात गयी

क़ैदे-हस्ती[5] से कब नजात[6] जिगर
मौत आयी अगर हयात गयी

1. जीवन
2. विश्व
3. अधर
4. जिन के भाग्य में अँधेरा हो
5. जीवन की क़ैद, 6. मुक्ति

29

न जाँ दिल बनेगी, न दिल जान होगा
गमे-इश्क़ खुद अपना उनवान[1] होगा

1. शीर्षक

ठहर ऐ दिले-दर्द मन्दे मुहब्बत
तसव्वुर[2] किसी का परेशान होगा

2. कल्पना

गवारा नहीं जान देकर भी दिल को
तेरी इक नज़र का जो नुक़सान होगा

कटेगी शबे ग़म बड़ी राहतों से
तेरी याद होगी तेरा ध्यान होगा

30

दिल को किसी का ताब-ए-फ़रमाँ[1] बनाइये
दुश्वारिये-हयात[2] को आसाँ बनाइये

आबाद गर न दिल हो तो बर्बाद कीजिए
गुलशन न बन सके तो बयाबाँ[3] बनाइए

फिर लिखिये ख़त्ते-शौक़[4] में बेताबिये फ़िराक़[5]
फिर ख़ूने दिल को ज़ीनते उनवाँ[6] बनाइये

एक इक लहू की बूँद में भर लीजे दर्दे-इश्क़
जितनी रगें हैं सब रगे-जानाँ[7] बनाइये

बर्क़े-जमाले यार[8] ये कहती है ऐ जिगर
कौन अहले होश है किसे हैराँ[9] बनाइये

1. आधीन
2. कठिन जीवन
3. जंगल
4. प्रेमपत्र, 5. बिरहा पीड़ा
6. शीर्षक की शोभा
7. प्रेम इन्द्रियाँ
8. सौन्दर्य की चमक
9. बेहोश

31

फ़िक्रे मंज़िल है न होशे-जाद-ए-मंज़िल[1] मुझे
जा रहा हूँ जिस तरफ़ ले जा रहा है दिल मुझे

यूँ तड़प के दिल ने तड़पाया सरे-महफ़िल[2] मुझे
उसको क़ातिल कहने वाले कह उठे क़ातिल मुझे

जा भी ऐ नासेह कहाँ का सूद[3] और कैसा ज़ियाँ[4]
इश्क़ ने समझा दिया है इश्क़ का हासिल[5] मुझे

कैसा क़तरा, कैसा दरिया, किसका तूफ़ां, कैसी मौज
तू जो चाहे तो डुबो दे ख़ुश्की-ए-साहिल[6] मुझे

1. मंज़िल के रास्ते का ज्ञान
2. सभा में
3. लाभ, 4. हानि
5. निष्कर्ष,
6. सूखा तट

32

समझाए कौन बुलबुले ग़फ़लत-शेआर[1] को 1. जिसका स्वभाव बेहोशी हो
महदूद[2] कर लिया है चमन तक बहार को 2. सीमित

ऐ दिल जो राहे इश्क़ में रक्खा है तू ने पाँव
करना न तंग दायर-ए-इख़्तियार[3] को 3. अधिकार का क्षेत्र

फिर देखना बहार बयाबाने-इश्क़[4] की 4. प्रेमवन
गुलशन बना चुकूँगा जब इस ख़ारज़ार[5] को 5. उजाड़

भड़का रहा हूँ आतशे-इस्याँ[6] हरेक सम्त[7] 6. पाप की अग्नि, 7. ओर
फैला रहा हूँ रहमते-परवरदिगार[8] को 8. ईश्वर-कृपा

33

जब से मालूम किया दिल के निहाँख़ाने[1] को
आँख उठाने की भी फ़ुरसत नहीं दीवाने को

बिजलियाँ तूरे-तसव्वुर[2] पे गिराने वाले
फूँक दे फूँक दे हस्ती के सियह ख़ाने को

मैकशो मुज़दा[3] कि बाक़ी न रही क़ैदे-मकाँ[4]
आज इक मौज बहा ले गई मैख़ाने को

क़ैसो-फ़रहाद हों या सरमदो-मंसूर जिगर[5]
हमने बेमाया[6] न देखा किसी दीवाने को

1. गुप्त कक्ष

2. कल्पना का तूर-तूर एक पहाड़ का नाम जहाँ पैग़म्बर मूसा ने ईश्वर के दर्शन किये थे'''

3. शुभ समाचार, 4. स्थान की क़ैद,

5. आशिक़ों तथा सूफ़ियों के नाम,

6. निर्धन

34

आदमी नश्श-ए-ग़फ़लत[1] में भुला देता है
वर्ना जो साँस है तालीमे-फ़ना[2] देता है

तुझसे मैं दूर किसी वक़्त नहीं हूँ ग़ाफ़िल[3]
दिल में बैठा हुआ कोई ये सदा देता है

झिलमिलाते हुए तारों का ये अल्लाहरे फ़ैज़
सामने से कोई पर्दा सा हटा देता है

हाए क्या चीज़ गुले-दाग़े-मुहब्बत[4] है जिगर
खुश्क होने पे भी जो बू-ए-वफ़ा[5] देता है।

1. अज्ञान का नशा
2. मृत्यु शिक्षा
3. भूलनेवाले
4. प्रेम के फूल जैसे दाग़
5. प्रेम सुगन्ध

35

वो थे न मुझ से दूर न मैं उनसे दूर था
आता न था नज़र तो नज़र का क़ुसूर था

ऐसा कहाँ बहार में रंगीनियों का जोश
शामिल किसी का ख़ूने तमन्ना ज़रूर था

साक़ी की चश्मे-मस्तका क्या कीजिए बयाँ
इतना ज़रूर था कि मुझे भी सुरूर[1] था

उस चश्मे मयफ़रोश[2] से कोई न बच सका
सब को बक़द्रे-हौसल-ए-दिल[3] सुरूर था

देखा था कल जिगर को सरे-राहे-मयकदा
इस दर्जा पी गया था कि नश्शे में चूर था

1. नशा
2. नशीली आँख
3. दिल के हौसले के अनुरूप

36

हर क़ैद से हर रस्म से बेगाना बना दे
दीवाना बना दे मुझे दीवाना बना दे

तू साक़ी-ए-मयख़ाना भी तू नश्श-ओ-मय[1] भी
मैं तशन-ए-हस्ती[2] मुझे मस्ताना बना दे

1. नशा तथा शराब
2. जीवन भर की प्यास

अल्लाह ने तुझ को मओ-मयख़ाना बनाया
तू सारी फ़ज़ा को मओ-मयख़ाना बना दे

क़तरे में वो दरिया है जो आलम को डुबो दे
ज़र्रे में वो सहरा है कि दीवाना बना दे

आलम तो है दीवाना जिगर हुस्न की ख़ातिर
तू अपने लिये हुस्न को दीवाना बना दे

37

साक़ी की हर निगाह पे बल खाके पी गया
लहरों से खेलता हुआ लहरा के पी गया

ज़ाहिद ये मेरी शोख़िये-रिन्दाना[1] देखना
रहमत को बातों बातों में बहला के पी गया

ऐ रहमते-तमाम[2] मेरी हर ख़ता मुआफ़
मैं इन्तहाए-शौक़[3] में घबरा के पी गया

बेकैफ़ियों के कैफ़ से घबरा के पी गया
तोबा को तोड़ताड़ के थर्रा के पी गया

उस जाने-मैकदा[4] की क़सम बारहा[5] जिगर
कुल आलमे-बसीत[6] पे मैं छा के पी गया

1. नशे की चुहल
2. दयालु-ईश्वर
3. प्यास की तीव्रता
4. मदिरालय की शोभा, 5. अक्सर
6. सारा संसार

38

क्या चीज़ थी क्या चीज़ थी ज़ालिम की नज़र भी
उफ़ः कर के वहीं बैठ गया दर्दे-जिगर भी

होती ही नहीं कम शबे-फ़ुरक़त[1] की सियाही[2] — 1. अकेली रात, 2. कालक
रुख़सत हुई क्या शाम के हमराह[3] सहर भी — 3. संग

मायूसे शबे हिज्र[4] न हो ऐ दिले बेताब — 4. बिरहा में निराश होना
अल्लाह दिखाएगा तो देखेंगे सहर भी

उस दिल के तसद्दुक़[5] जो मुहब्बत से भरा हो — 5. सदक़े होना
उस दर्द के सदक़े जो इधर भी है उधर भी

ये मुजरिमे-उल्फ़त है तो वो मुजरिमे-दीदार[6] — 6. दर्शनापराधी
दिल लेके चले हो तो लिये जाओ नज़र भी

39

वो कब के आये भी और गये भी नज़र में अब तक समा रहे हैं
ये चल रहे हैं, वो फिर रहे हैं, ये आ रहे हैं, वो जा रहे हैं

वही क़यामत है क़द्दे-बाला[1], वही है सूरत, वही सरापा[2]
लबों को जुंबिश, निगह को लरज़िश, खड़े हैं और मुस्कुरा रहे हैं

ख़िराम[3] रंगीं, निज़ाम[4] रंगीं, कलाम रंगीं, पयाम रंगीं
क़दम क़दम पर, रविश रविश[5] पर नये नये गुल खिला रहे हैं

ये मस्त बुलबुल बहक रही है, क़रीबे आरिज़[6] चहक रही है
गुलों की छाती धड़क रही है, वो दस्ते रंगीं[7] बढ़ा रहे हैं

वही लताफ़त, वही नज़ाकत, वही तबस्सुम वही तरन्नुम
मैं नक़्शे-हिर्मां बना हुआ था वो नक़्शे-हैरत[8] बना रहे हैं

ख़ुशी से लबरेज़[9] शशजिहत[10] है ज़बान पर शोरे-तहनियत[11] है
ये वक़्त वो है जिगर के दिल को, वो अपने दिल से मिला रहे हैं

1. ऊँचा क़द 2. सर से पाँव तक 3. चाल 4. अंदाज़ 5. बाग़ के रास्ते 6. गालों के निकट
7. रंगीन हाथ 8. विस्मय रूपी 9. भरा हुआ 10. छहों दिशाएँ
11. मुबारकबादी का शोर

40

राज़ जो सीन-ए-फ़ितरत[1] में निहाँ[2] होता है 1. प्रकृति में 2. छिपा हुआ
सब से पहले दिले शायर में अयाँ[3] होता है 3. ज़ाहिर

जब कोई इश्क़ में बर्बादि-जहाँ होता है
मुझको महसूस ख़ुद अपना ही ज़ियाँ[4] होता है 4. नुक़सान

हुस्न जिस रंग में होता है जहाँ होता है
अहले-दिल के लिए सरमाया-ए-जाँ[5] होता है 5. जीवन पूँजी

हाय वो वक़्त कि जब हुस्न पर आता है शबाब
उफ़ वो हंगाम कि जब इश्क़ जवाँ होता है

कहीं ऐसा तो नहीं वो भी हो कोई आज़ार[6] 6. दुख
तुझ को जिस चीज़ प राहत[7] का गुमाँ होता है 7. सुख

हाय वो सिलसिल-ए-अश्क[8] कि जो तेरे हुज़ूर[9] 8. आँसुओं की क़तार
दिल में रुकता है न आँखों से रवाँ होता हैं। 9. समक्ष

41

मुजस्सम हक़ीक़त[1] सरापा[2] फ़साना
मुहब्बत का आलम जुनूँ[3] का ज़माना

नज़र उठते-उठते, नज़र मिलते मिलते
धड़कते दिलों में वो नाज़ुक फ़साना

हया में वो मासूम सी इक शरारत
शरारत में मौहूम[4] सा इक फ़साना

वो इख़फ़ा-ए-राज़े मुहब्बत[5] की ख़ातिर
कभी कुछ बहाना, कभी कुछ बहाना

कभी रुए-ज़ेबा[6] पे गुस्से की लहरें
कि जैसे कोई बिजलियों का ख़ज़ाना

1. यथार्थ साकार, 2. पूरा
3. उन्माद
4. भ्रममूलक
5. प्रेम को छुपाना
6. सुन्दर चेहरा

42

दिल को सुकून रूह को आराम आ गया
मौत आ गयी कि यार का पैग़ाम आ गया

जब कोई ज़िक्रे-गर्दिशे अय्याम[1] आ गया
बे इख़्तियार लब पे तेरा नाम आ गया

1. समय चक्र की चर्चा

दीवानगी हो, अक़्ल हो, उम्मीद हो कि यास
अपना वही है, वक़्त पे जो काम आ गया

दिल के मुआमलात में नासेह शिकस्त[2] क्या
सौ बार हुस्न पे भी ये इलज़ाम आ गया

2. हार

अहबाब[3] मुझ से क़त-ए-तअल्लुक[4] करें जिगर
अब आफ़्ताबे-ज़ीस्त[5] लबे-बाम[6] आ गया

3. मित्रगण, 4. सम्बन्ध त्यागना,
5. जीवन-सूर्य, 6. अस्त होने को

43

गुदाज़े-इश्क़[1] नहीं कम जो मैं जवाँ न रहा
वही है आग मगर आग में धुवाँ न रहा

हिजाबे इश्क़ को ऐ दिल बहुत ग़नीमत जान
रहेगा क्या जो ये पर्दा भी दर्मियाँ[2] न रहा

चमन तो बर्क़े-हवादिस[3] से हो गया महफ़ूज़
मेरी बला से अगर मेरा आशियाँ न रहा

कमाले-क़ुर्ब[4] भी शायद है ऐन बोद[5] जिगर
जहाँ जहाँ वो मिले मैं वहाँ वहाँ न रहा

1. प्रेम की गरिमा
2. बीच
3. दुर्घटनाओं की बिजली
4. निकटता, 5. दूरी

44

दुनिया की जफ़ा याद न अपनी ही वफ़ा याद
अब मुझ को नहीं कुछ भी मुहब्बत के सिवा याद

मैं शिकवा-ब-लब[1] था मुझे ये भी न रहा याद
शायद कि मेरे भूलने वाले ने किया याद

जब कोई हसीं होता है सरगर्मे-नवाज़िश[2]
उस वक़्त वो कुछ और भी आते हैं सिवा याद

क्या लुत्फ़ कि मैं अपना पता आप बताऊँ
कीजे कोई भूली हुई ख़ास अपनी अदा याद

1. होठ पर शिकायत
2. मेहरबान

45

ये ज़र्रे जिन को हम ख़ाके रहे मंज़िल समझते हैं
ज़बाने-हाल रखते हैं, ज़बाने-दिल समझते हैं

जिसे सब लोग हुस्नो-इश्क़ की मंज़िल समझते हैं
बलन्द इस से भी हम अपना मक़ामे-दिल[1] समझते हैं

कोई माने न माने इसको लेकिन ये हक़ीक़त है
हम अपनी ज़िन्दगी में ग़ैब[2] को शामिल समझते हैं

ये नर्मो-नातवाँ मौजें ख़ुदी[3] का राज़ क्या जानें
क़दम लेते हैं तूफ़ाँ अज़मते-साहिल[4] समझते हैं

हुकूमत के मज़ालिम[5] जब से इन आँखों ने देखे हैं
जिगर हम बम्बई को कूच-ए-क़ातिल[6] समझते हैं

1. दिल का स्थान
2. नियति
3. आत्म बोध
4. किनारे की महानता
5. जुल्म
6. क़ातिल की गली

46

दिल में किसी के राह किये जा रहा हूँ मैं
कितना हसीं गुनाह किये जा रहा हूँ मैं

गुलशन परस्त[1] हूँ मुझे गुल ही नहीं अज़ीज़
काँटों से भी निबाह किये जा रहा हूँ मैं

यूँ ज़िन्दगी गुज़ार रहा हूँ तेरे बग़ैर
जैसे कोई गुनाह किये जा रहा हूँ मैं

मुझ से लगे हैं इश्क़ की अज़मत[2] को चार चाँद
ख़ुद हुस्न को गवाह किये जा रहा हूँ मैं

मुझ से अदा हुवा है जिगर जुस्तुजू का हक़
हर ज़र्रे को गवाह किये जा रहा हूँ मैं

1. बाग़ का पुजारी
2. महानता

47

बेकैफ़[1] दिल है और जिये जा रहा हूँ मैं
ख़ाली है शीशा[2] और पिये जा रहा हूँ मैं

मजबूरिये-कमाले मुहब्बत[3] तो देखना
जीना नहीं क़ुबूल जिये जा रहा हूँ मैं

वो दिल कहाँ है अब कि जिसे प्यार कीजिए
मजबूरियाँ हैं, साथ दिये जा रहा हूँ मैं

रुख़सत हुई शबाब के हमराह ज़िन्दगी
कहने की बात है, कि जिये जा रहा हूँ मैं

पहले शराब ज़ीस्त[4] थी अब ज़ीस्त है शराब
कोई पिला रहा है पिये जा रहा हूँ मैं

1. उदास
2. बोतल
3. प्रेम की विवशता
4. जीवन

48

जो मसर्रतों[1] में ख़लिश[2] नहीं, जो अज़ीयतों[3] में मज़ा नहीं
तेरे हुस्न का भी क़ुसूर है, मेरे इश्क़ ही की ख़ता नहीं

1. ख़ुशियाँ,
2. चुभन
3. तकलीफ़ें

मेरा ज़ौक़ भी, मेरा शौक़ भी है बलन्द सत्हे-अवाम[4] से
तेरा हिज्र भी, तेरा वस्ल भी मेरे दर्दे-दिल की दवा नहीं

4. जन-स्तर

जिसे मैं भी खुद न बता सका, मेरा राज़े-दिल है वो राज़े-दिल
जिसे ग़ैरे-दोस्त[5] समझ सके मेरे साज़ में वो सदा नहीं

5. मित्र के अलावा

वो हज़ार दुश्मने जाँ सही, मुझे ग़ैर फिर भी अज़ीज़ है
जिसे ख़ाके-पा[6] तेरी छू गयी वो बुरा भी हो तो बुरा नहीं

6. पाँव की धूल

मेरे शेर में हैं नज़ाकतें मेरी नज़्म में हैं लताफ़तें
मेरी फ़िक्र में कहीं ऐ जिगर अदबे-कसीफ़[7] की जा नहीं

7. उपस्तरीय साहित्य

49

मुहब्बत में क्या क्या मक़ाम आ रहे हैं
कि मंज़िल पे हैं और चले जा रहे हैं

ये कह कह के हम दिल को बहला रहे हैं
वो अब चल चुके हैं वो अब आ रहे हैं

हमारे ही दिल से मज़े उनके पूछो
वो धोके जो दानिस्ता[1] हम खा रहे हैं

जफ़ा करने वालों को क्या हो गया है
वफ़ा कर के भी हम तो शरमा रहे हैं

वो आलम है यार और अग़यार[2] कैसे
हमीं अपने दुश्मन हुए जा रहे हैं

1. जान बूझकर

2. शत्रु

50

अल्लाह अगर तौफ़ीक़[1] न दे इन्सान के बस का काम नहीं
फ़ैज़ाने-मुहब्बत[2] आम तो है, इर्फाने-मुहब्बत[3] आम नहीं

ये तूने कहा क्या ऐ नादाँ, फ़य्याज़िये-क़ुदरत[4] आम नहीं
तू फ़िक्रो-नज़र[5] तो पैदा कर, क्या चीज़ है जो इनआम नहीं

आता है जो बज़्मे-जानां में, पिन्दारे-ख़ुदी[6] को तोड़ के आ
ऐ होशो-ख़िरद[7] के दीवाने, याँ होशो-ख़िरद का काम नहीं

दुनिया ये दुखी है फिर भी मगर, थक कर ही सही, सो जाती है
तेरे ही मुक़द्दर में ऐ दिल, क्यों चैन नहीं आराम नहीं

पीने को तो सब पीते हैं जिगर, मयख़ान-ए-फ़ितरत[8] में लेकिन
महरूमे-निगाहे साक़ी[9] है, वो रिन्द, जो दुर्द-आशाम[10] नहीं

1. सामर्थ्य
2. प्रेमलाभ
3. प्रेमज्ञान
4. प्रकृति की उदारता
5. दृष्टि सामर्थ्य,
6. अहंकार
7. विवेक
8. प्रकृति का मदिरालय,
9. साक़ी के करम से वंचित,
10. शराब की तलछट पीने-वाला

51

सभी अंदाज़े हुस्न प्यारे हैं
हम मगर सादगी के मारे हैं

उसकी रातों का इन्तक़ाम[1] न पूछ
जिसने हँस हँस के दिन गुज़ारे हैं

ऐ सहारों की ज़िन्दगी वालो
कितने इन्सान बेसहारे हैं

शबे-फ़ुरक़त भी जगमगा उट्ठी
अश्के-ग़म[2] है कि माह पारे है

वो हमीं हैं कि जिन के हाथों ने
गेसु-ए-ज़िन्दगी[3] सँवारे हैं

आतशे-इश्क़[4] वो जहन्नम है
जिसमें फ़िर्दोस[5] के नज़ारे हैं

1. बदला
2. गम के आँसू
3. जीवन की अलकाएँ
4. प्रेम अग्नि
5. स्वर्ग

52

ग़म मोतबर[1] नहीं है मुकम्मल ख़ुशी नहीं
क्या वक़्त है कि लुत्फ़ मुहब्बत में भी नहीं

1. आदरणीय

तस्ख़ीरे मेहरो-माह[2] मुबारक तुझे मगर
दिल में नहीं अगर तो कहीं रौशनी नहीं

2. चाँद-सूरज पर विजय पाना

वाइज़[3] अब और क्या कहूँ लेकिन ख़ता मुआफ़
जो तेरे सामने है हक़ीक़त वही नहीं

3. धर्म प्रचारक

क्या जानिये ये कौन सा आलम है ऐ जिगर
दिल मुज़तरिब[4] है और कोई बात भी नहीं

4. व्याकुल

53

कोई ये कहदे गुलशन गुलशन
लाख बलायें एक नशेमन[1] !

1. घोंसला

फूल खिले हैं गुलशन गुलशन
लेकिन अपना अपना दामन

ख़ैर मिज़ाजे हुस्न की यारब
तेज़ बहुत है दिल की धड़कन

आज न जाने राज़ ये क्या है
हिज्र की रात और इतनी रौशन

उम्रें बीतीं सदियाँ बीतीं...
है वही अब तक अक़्ल का बचपन

बैठे हम हर बज़्म में लेकिन
झाड़ के उट्ठे अपना दामन

54

काम अधूरे और आज़ादी
नाम बड़े और थोड़े दर्शन
शमा है लेकिन धुँधली धुँधली
साया है लेकिन रौशन रौशन

काँटों का भी हक़ है आख़िर
कौन छुड़ाए अपना दामन

चलती फिरती छाँव है प्यारे
किस का सहरा,[1] कैसा गुलशन

1. जंगल

55

हम को मिटा सके ये ज़माने में दम नहीं
हम से ज़माना खुद है ज़माने से हम नहीं

बे फ़ायदा अलम[1] नहीं, बेकार ग़म नहीं
तौफ़ीक़[2] दे खुदा तो ये नेमत[3] भी कम नहीं

1. दुख
2. योग्यता, 3. वरदान

यारब हुजूमे-दर्द[4] को दे और वुस्अतें[5]
दामन तो क्या अभी मेरी आँखें भी नम नहीं

4. गमों की भीड़, 5. विस्तार

शिकवा तो एक छेड़ है लेकिन हक़ीक़तन
तेरा सितम भी तेरी इनायत से कम नहीं

ज़ाहिद कुछ और हो न हो मैख़ाने में मगर
क्या कम है ये कि फ़ितन-ए-दैरो-हरम[6] नहीं

6. मन्दिर मस्जिद का भेदभाव

मर्गे-जिगर पे क्यों तेरी आँखें हैं अश्कबार[7]
इक सानिहा[8] सही मगर इतना अहम[9] नहीं

7. आँसू भरी
8. दुर्घटना, 9. महत्त्वपूर्ण

56

इस से बढ़कर दोस्त कोई दूसरा होता नहीं
सब जुदा हो जाएँ लेकिन ग़म जुदा होता नहीं

कौन ये नासेह[1] को समझाए बतर्ज़े-दिलनशीं[2]
इश्क़ सादिक़[3] हो तो ग़म भी बेमज़ा होता नहीं

1. नसीहत करनेवाला
2. लुभावने ढंग से, 3. सच्चा

मेरी अर्ज़े-ग़म पे वो कहना किसी का हाय हाय
शिकव-ए-ग़म[4] शेव-ए-अहले वफ़ा[5] होता नहीं

4. ग़म की शिकायत, 5. प्रेमियों का तरीक़ा

क्या क़यामत है कि इस दौरे-तरक़्क़ी[6] में जिगर
आदमी से आदमी का हक़[7] अदा होता नहीं

6. विकास का युग
7. दायित्व

57

जो तूफ़ानों में पलते जा रहे हैं
वही दुनिया बदलते जा रहे हैं

निखरता आ रहा है रंगे-गुलशन
ख़सो-ख़ाशाक[1] जलते जा रहे हैं

1. घास-फूस

वहीं मैं ख़ाक उड़ती देखता हूँ
जहाँ चश्मे उबलते जा रहे हैं

शबाबो-हुस्न में बहस आ पड़ी है
नये पहलू निकलते जा रहे हैं

58

ये है इश्क़ की करामत,[1] ये कमाले-शायराना[2] !
अभी मुँह से बात निकली अभी बन गया फ़साना

1. चमत्कार, 2. शायरी का कमाल

ये अलील[3] सी फ़ज़ाएँ ये मरीज़ सा ज़माना
तेरी पाकतर जवानी तेरा हुस्न मोजिज़ाना[4]

3. रोगी
4. चमत्कारपूर्ण,

तुझे हादिसाते-पैहम[5] से भी क्या मिलेगा नादाँ
तेरा दिल अगर हो ज़िन्दा तो नफ़स[6] भी ताज़ियाना[7]

5. लगातार दुर्घटनाएँ
6. साँस, 7. चाबुक

तुझे ऐ जिगर हुआ क्या कि बहुत दिनों से प्यारे
न बयाने हुस्नो मस्ती न हदीसे दिलबराना[8]

8. इश्क़ का बयान

59

वो अदाए-दिलबरी[1] हो कि नवाए-आशिक़ाना[2]
जो दिलों को फ़त्ह कर ले वही फ़ातहे ज़माना[3]

मेरी ज़िन्दगी तो गुज़री तेरे हिज्र के सहारे
मेरी मौत को भी प्यारे कोई चाहिए बहाना

तेरे इश्क़ की करामत[4] ये नहीं तो और क्या है
कभी बेअदब न गुज़रा मेरे पास से ज़माना

मैं वो साफ़ ही न कह दूँ जो है फ़र्क़ तुझमें मुझमें
तेरा दर्द दर्दे तन्हा[5] मेरा ग़म ग़मे ज़माना

तेरे दिल के टूटने पर है किसी को नाज़ क्या क्या
तुझे ऐ जिगर मुबारक ये शिकस्ते फ़ातिहाना[6]

1. प्रेमिका की अदा
2. प्रेमी की आवाज़
3. जग विजयी
4. चमत्कार
5. अकेला दर्द
6. विजयी पराजय

60

मुहब्बत सुल्ह[1] भी पैकार[2] भी है
ये शाख़े-गुल भी है तलवार भी है

1. सन्धि, 2. लड़ाई

तबीअत इस तरफ़ ख़ुद्दार[3] भी है
उधर नाज़ुक मिज़ाजे-यार भी है

3. आत्मविश्वासी

ये फ़ितने जिन से इक दुनिया है नालाँ[4]
इन्हीं से गर्मिये-बाज़ार[5] भी है

4. परेशान
5. बाज़ार की रौनक़

ग़नीमत है कि इस दौरे-हवस[6] में
तेरा मिलना बहुत दुशवार भी है

6. लोभ और लालच का युग

उन आँखों की रहे मोजिज़ बयानी[7]
बहम इन्कार भी इक़रार भी है

7. चमत्कारिक बोली

61

किस का ख़याल कौन सी मंज़िल नज़र में है
सदियाँ गुज़र गयीं कि ज़माना सफ़र में है

चेहरे पे बरहमी[1] है, तबस्सुम नज़र में है
अब क्या कमी तबाहिये-क़ल्बो-जिगर[2] में है

समझे थे तुझसे दूर निकल जायेंगे कहीं
देखा तो हर मक़ाम तेरी रहगुज़र[3] में है

कारीगराने शेर[4] से पूछे कोई जिगर
सब कुछ तो है मगर ये कमी क्यों असर[5] में है

1. गुस्सा
2. दिल और जिगर की तबाही
3. रास्ता
4. शेर गढ़नेवाला
5. प्रभाव

62

शरमा गये, लजा गये, दामन छुड़ा गये
ऐ इश्क़ मरहबा[1], वो यहाँ तक तो आ गये

सब कुछ लुटा के राहे-मुहब्बत में एहले दिल[2]
खुश हैं कि जैसे दौलते-कौनैन[3] पा गये

सेहने-चमन को अपनी बहारों पे नाज़ था
वो आ गये तो सारी बहारों पे छा गये

अक़्लो-जुनूँ[4] में सब की थीं राहें जुदा-जुदा
हिर फिर के लेकिन एक ही मंज़िल पे आ गये

अब क्या करूँ मैं फ़ितरते-नाकामे इश्क़[5] को
जितने थे हादिसात[6] मुझे रास आ गये

1. शाबाश
2. दिलवाले
3. दुनिया की दौलत
4. बुद्धि-उन्माद
5. असफल प्रेम की प्रकृति
6. दुर्घटनाएँ

63

बात सादा ही सही लेकिन हकीमाना[1] भी है
यानी हर इन्साँ बक़द्रे-होश[2] दीवाना भी है

1. दार्शनिक
2. होश के अनुसार

होश में रहता तो क्या जाने कहाँ रखता क़दम
ये ग़नीमत है मिज़ाजन इश्क़ दीवाना भी है

हासिले-हर जुस्तुजू[3] आख़िर यही निकला जिगर
इश्क़ खुद मंज़िल भी है मंज़िल से बेगाना भी है

3. खोज का निष्कर्ष

64

एक ऐसा राज़ भी दिल के निहां ख़ाने[1] में है
लुत्फ़ जिसका कुछ समझने और समझाने में है

हुस्न की इक इक अदा पर जानो-दिल सदक़े मगर
लुत्फ़ कुछ दामन बचाकर ही गुज़र जाने में है

1. गुप्त स्थान

65

जेहले-खिरद[1] ने दिन ये दिखाए
घट गये इन्साँ बढ़ गये साए

दिल प कुछ ऐसा वक्त पड़ा है
भागे लेकिन राह न पाए

झूठी है हर एक मसर्रत[2]
रूह अगर तस्कीन[3] न पाए

कारे-ज़माना[4] जितना जितना
बनता जाए बिगड़ता जाए

हुस्न वही है हुस्न जो ज़ालिम
हाथ लगाए हाथ न आए

नग़मा वही है नग़मा कि जिसको
रूह सुने और रूह सुनाए

1. अज्ञानी ज्ञान
2. ख़ुशी
3. आराम
4. दुनिया के कार्य

66

आदमी आदमी से मिलता है
दिल मगर कम किसी से मिलता है

भूल जाता हूँ मैं सितम उसके
वो कुछ इस सादगी से मिलता है

आज क्या बात है कि फूलों का
रंग तेरी हँसी से मिलता है

मिल के भी जो कभी नहीं मिलता
टूट कर दिल उसी से मिलता है

67

अगर न ज़ोहराजबीनों[1] के दर्मियाँ गुज़रे
तो फिर ये कैसे कटे ज़िन्दगी कहाँ गुज़रे

जुनूँ[2] के सख़्त मराहिल[3] भी तेरी याद के साथ
हसीं हसीं नज़र आए, जवाँ जवाँ गुज़रे

रहे-वफ़ा में इक ऐसा मक़ाम[4] भी आया
कि हम ख़ुद अपनी तरफ़ से भी बदगुमाँ[5] गुज़रे

वो जिन के साए से भी बिजलियाँ लरज़ती थीं
मेरी नज़र से कुछ ऐसे भी आशियाँ गुज़रे

बहुत हसीन सही सोहबतें[6] गुलों की मगर
वो ज़िन्दगी है जो काँटों के दर्मियाँ गुज़रे

1. सुन्दर चेहरे
2. उन्माद, 3. कठिनाइयाँ
4. स्थान
5. सन्देह
6. संगत

68

आई जब उनकी याद तो आती चली गयी
हर नक़्शे-मासिवा[1] को मिटाती चली गयी

हर वाक़िआ क़रीबतर आता चला गया
हर शय[2] हसीनतर नज़र आती चली गयी

जितना ही कुछ सुकून सा आता चला गया
उतना ही बेक़रार बनाती चली गयी

1. सांसारिक, ईश्वर के अतिरिक्त सब
2. वस्तु

69
(बंगाल अकाल 1943)

बंगाल के मैं शामो-सहर देख रहा हूँ
हर चन्द कि हूँ दूर मगर देख रहा हूँ

बच्चों का तड़पना, वो बिलकना, वो सिसकना
माँ बाप को मायूसे नज़र देख रहा हूँ

इन्सान के होते हुए इन्सान का ये हश्र[1]
देखा नहीं जाता है मगर देख रहा हूँ

अंजामे-सितम अब कोई देखे कि न देखे
मैं साफ़ इन आँखों से मगर देख रहा हूँ

सय्याद ने लूटा था अनादिल[2] का नशेमन[3]
सय्याद का लुटते हुए घर देख रहा हूँ

रहमत का चमकने को है फिर नय्येस्ताबाँ[4]
होने को है इस शब की सहर[5] देख रहा हूँ

1. दशा
2. बुलबुल, 3. नीड़
4. सूर्य
5. सवेरा

70
(1946-47 के सांप्रदायिक दंगों के बाद)

फ़िक्रे जमील[1] ख़्वाबे-परेशाँ है आज कल
शाएर नही है वो जो ग़ज़ल-ख़्वाँ[2] है आजकल

इन्सानियत कि जिस से इबारत है ज़िन्दगी
इन्साँ के साए से भी गुरेजाँ[3] है आजकल

शाइस्तगी के भेस में है रूहे ज़िन्दगी
इन्सान के लिबास में शैताँ है आजकल

है ज़ख़्मे-कायनात[4] जो हिन्दू है इन दिनों
है दाग़े-ज़िन्दगी[5] जो मुसलमाँ है आजकल

सरमाया-दारियों[6] की तरफ़दारियाँ हैं सब
लेकिन मफ़ादे-आम[7] का उन्वाँ[8] है आजकल

1. सुन्दर विचार
2. गज़लकार
3. दूर
4. विश्व का घाव
5. जीवन का कलंक,
6. पूंजीवाद
7. जनहित, 8. शीर्षक

71

बाज़ीच-ए-अर्बाबे सियासत[1] से गुज़र जा
इस कारगहे-मक्रो-ज़लालत[2] से गुज़र जा

क़िस्मत तेरी ख़ुद है तेरे किरदार[3] में मुज़मिर[4]
क़िस्मत को बनाना है तो क़िस्मत से गुज़र जा

होती है यूँ ही नश्वो-वुमा[5] फ़िक्रो-अमल[6] की
हँसता हुआ हर जब्रे-हुकूमत[7] से गुज़र जा

इन्सान बन इन्सान, यही है तेरी मेराज[8]
रंगो-वतनो-क़ौम[9] की लानत से गुज़र जा

1. राजनीति के खिलौने
2. छल कपट का स्थान
3. चरित्र, 4. शामिल,
5. फलना-फूलना, 6. विचार तथा कर्म, 7. सरकारी दबाव
8. लक्ष्य,
9. रंग, वतन, क़ौम के भेद

72

किधर है तू ऐ, जुरअते-बाग़ियाना[1] 1. क्रान्तिकारी साहस
बदल दे मुक़द्दर, पलट दे ज़माना

ग़रीबों पे जो कुछ गुज़रती है गुज़रे
सिमट आए जेबों में लेकिन ख़ज़ाना

बशर[2] की ये पस्ती[3] अरे तौबा तौबा 2. मनुष्य, 3. पतन
ज़माने का आक़ा,[4] गुलामे-ज़माना 4. स्वामी

73

खुदा करे कि ये दस्तूर[1] साज़गार आए
जो बेक़रार हैं अब तक उन्हें क़रार आए

1. विधान

बहार आए और इस शान की बहार आए
कि फूल ही नहीं काँटों पे भी निखार आए

ज़बानो दिल में बहम[2] इरतबात[3] हो ऐसा
कि जो ज़बान कहे दिल को एतबार आए

2. आपस में, 3. मेल

बना दिया है मुहब्बत ने आग को गुलज़ार
मगर जो आज के इन्साँ को एतबार आए

74

सलामत तू तेरा मयखाना तेरी अंजुमन साक़ी
मुझे करनी है अब कुछ ख़िदमते-दारो-रसन[1] साक़ी

रगो-पै[2] मैं कभी सहबा[3] ही सहबा रक़्स करती थी
मगर अब ज़िन्दगी ही ज़िन्दगी है मौजज़न साक़ी

मुझे डर है कि इस नापाकतर दौरे-सियासी[4] में
बिगड़ जाए न खुद मेरा मज़ाक़े-शेरो-फ़न[5] साक़ी

कहाँ से बढ़ के पहुँचे हैं कहाँ तक इल्मोफ़न साक़ी
मगर आसूदा[6] इन्साँ का न तन साक़ी न मन साक़ी

1. फाँसी और रस्सी
2. सम्पूर्ण शरीर में
3. मदिरा
4. राजनीति का युग
5. काव्यस्तर
6. सन्तुष्ट

75

उनका जो फ़र्ज़ हो वो एहले सियासत जानें
मेरा पैग़ाम मुहब्बत है जहाँ तक पहुँचे

किधर से बर्क़ चमकती है देखें ऐ वाइज़
मैं अपना शीश उठाता हूँ तो किताब उठा

मुहब्बत में इक ऐसा वक़्त भी आता है इन्साँ पर
कि आँसू खुश्क हो जाते हैं तुग़यानी नहीं जाती

जान कर मिनजुम्ल-ए-ख़ासाने मयख़ाना मुझे
मुद्दतों रोया करेंगे जामो पैमाना मुझे

76

जब इश्क़ अपने मरकज़े-अस्ली[1] पे आ गया
ख़ुद बन गया हसीन दो आलम पे छा गया

अपना ज़माना आप बनाते हैं अहले-दिल[2]
हम वो नहीं कि जिनको ज़माना बना गया

दिल बन गया निगाह, निगह बन गई ज़बाँ
आज इक सुकूते-शौक़[3] क़यामत ही ढा गया

मेरा कमाले-शेर[4] बस इतना है ऐ जिगर
वो मुझ पे छा गये मैं ज़माने पे छा गया

1. सत्य केन्द्र
2. दिलवाले
3. प्रेम मौन
4. शायरी का कमाल

77

सय्याद[1] पे ज़ाहिर अभी ये राज़ नहीं है
पर्वाज़[2] असीरे परे-पर्वाज़ नहीं है

आ जाओ कि अब ख़लवते[3] ग़म ख़लवते ग़म है
अब दिल के धड़कने की भी आवाज़ नहीं है

1. पक्षियों को बन्दी बनानेवाला
2. उड़ान
3. परों की आधीन, एकांत

78

ये मिस्रा[1] काश नक़्शे-हर दरोदीवार[2] हो जाए
जिसे जीना हो मरने के लिये तय्यार हो जाए

सुना है हश्र[3] में आँखें उसे बेपर्दा देखेंगी
मुझे डर है न तौहीने-जमाले-यार[4] हो जाए

यही है ज़िन्दगी, तो ज़िन्दगी से ख़ुदकुशी[5] अच्छी
कि इन्साँ आलमे इन्सानियत पर बार[6] हो जाए

ये रोज़ो-शब, ये सुब्हो-शाम, ये बस्ती ये वीराना
सभी बेदार[7] हैं इन्साँ अगर बेदार हो जाए

1. पंक्ति, 2. हर जगह लिखा हुआ
3. परलोक
4. यार के सौंदर्य का अपमान
5. आत्म-हत्या
6. बोझ
7. जाग्रत

79

मिटा कर हमें आप पछताइयेगा
कमी कोई महसूस फ़रमाइयेगा

भुलाना हमारा मुबारक मुबारक
मगर शर्त ये है न याद आइयेगा

हमीं जब न होंगे तो क्या रंगे महफ़िल
किसे देख कर आप शर्माइयेगा

हमें भी ये अब देखना है कि हम पर
कहाँ तक तवज्जोह न फ़रमाइयेगा

जुनू[1] की जिगर कोई हद भी है आख़िर
कहाँ तक किसी पर सितम ढाइयेगा

1. उन्माद

80

आज क्या हाल है या रब सरे महफ़िल मेरा
कि निकाले लिये जाता है कोई दिल मेरा

सुब्ह तक हिज्र में क्या जानिये क्या होता है
शाम ही से मेरे क़ाबू में नहीं दिल मेरा

पाया जाता है तेरी शोख़िये रफ़्तार[1] का रंग
काश पहलू में धड़कता ही रहे दिल मेरा

कुछ खटकता तो है पहलू में मेरे रह रहकर
अब ख़ुदा जाने तेरी याद है या दिल मेरा

1. चाल की अदा

81

आँखों का था क़ुसूर न दिल का क़ुसूर था
आया जो मेरे सामने मेरा गुरूर था

वो थे न मुझ से दूर न मैं उन से दूर था
आता न था नज़र तो नज़र का क़ुसूर था

लगते ही ठेस टूट गया साज़े आरज़ू[1]
मिलते ही आँख शीश-ए-दिल चूर-चूर था

कोई तो दर्दमन्दे दिले नासबूर[2] था
माना कि तुम न थे कोई तुम सा ज़रूर था

देखा था कल जिगर को सरे राहे मयकदा
इस दर्जा पी गया था कि नश्शे में चूर था

1. आरजू का वाद
2. बेसब्र

82

इलाही एक दुआ है अगर क़ुबूल न हो
बहुत ग़रीब है ये दिल कभी मलूल[1] न हो 1. दुखी

दुआए-मर्ग[2] तो माँगी है आज घबरा कर 2. मृत्यु की दुआ
मैं क्या करूँगा जो ये भी उसे क़ुबूल न हो

जिसे हम अपनी मोहब्बत का ज़ख़्म कहते हैं
तेरे ही आरिज़े रंगीं[3] का कोई फूल न हो 3. रंगीन गाल

किसी के ख़ातिरे नाजुक का आ गया है ख़याल
दुआएँ माँग रहा हूँ दुआ क़ुबूल न हो

83

सुन तो ऐ दिल ये बरहमी क्या है
आज कुछ दर्द में कमी क्या है

हम नहीं जानते मोहब्बत में
रंज क्या चीज़ है ख़ुशी क्या है

इक नफ़स[1] ख़ुल्द[2] इक नफ़स दोज़ख़
कोई पूछे ये ज़िन्दगी क्या है

1. साँस, 2. स्वर्ग

जिस्म महदूद जिस्म लामहदूद[3]
फिर ये इक रब्ते बाहमी[4] क्या है

3. असीम
4. आपसी मेल

84

हँसी फिर उड़ने लगी इश्क़ के फ़साने की
नक़ाब उठाओ बदल दो फ़ज़ा ज़माने की

ये बज़्मे दिल ख़सो ख़ाशाक पर नहीं मौक़ूफ़[1]
उजड़ के भी वही रौनक़ है आशियाने की

1. निर्भर

तअय्युनात के हैं वस्लो हिज्र दो पहलू
हयातो मौत हैं दो करवटें ज़माने की

85

जिस रंग में देखो उसे वो पर्दा नशीं है
और उस पे ये पर्दा है कि पर्दा ही नहीं है

मुझ से कोई पूछे तेरे मिलने की अदाएँ
दुनिया तो ये कहती है कि मुमकिन ही नहीं है

मेरी ही तरह वो भी न हो हिज्र में बेताब
हर साँस के साथ आज इक आवाज़े हज़ीं[1] हैं

किस किस से तेरे इश्क़ में दामन को छुड़ाऊँ
कौनैन है और एक मेरी जाने हज़ीं[2] है

1. दुखी आवाज़

2. परेशान मन

□□